AF189409

Impressum
Verlag: BABADADA GmbH, Nedderfeld 112 , 22529 Hamburg
Geschäftsführer / Verlagsleitung: Harald Hof
Druck: Books on Demand GmbH, In de Tarpen 42, 22848 Norderstedt

Imprint
Publisher: BABADADA GmbH, Nedderfeld 112 , 22529 Hamburg, Germany
Managing Director / Publishing direction: Harald Hof
Print: Books on Demand GmbH, In de Tarpen 42, 22848 Norderstedt, Germany

escuela

sekolah

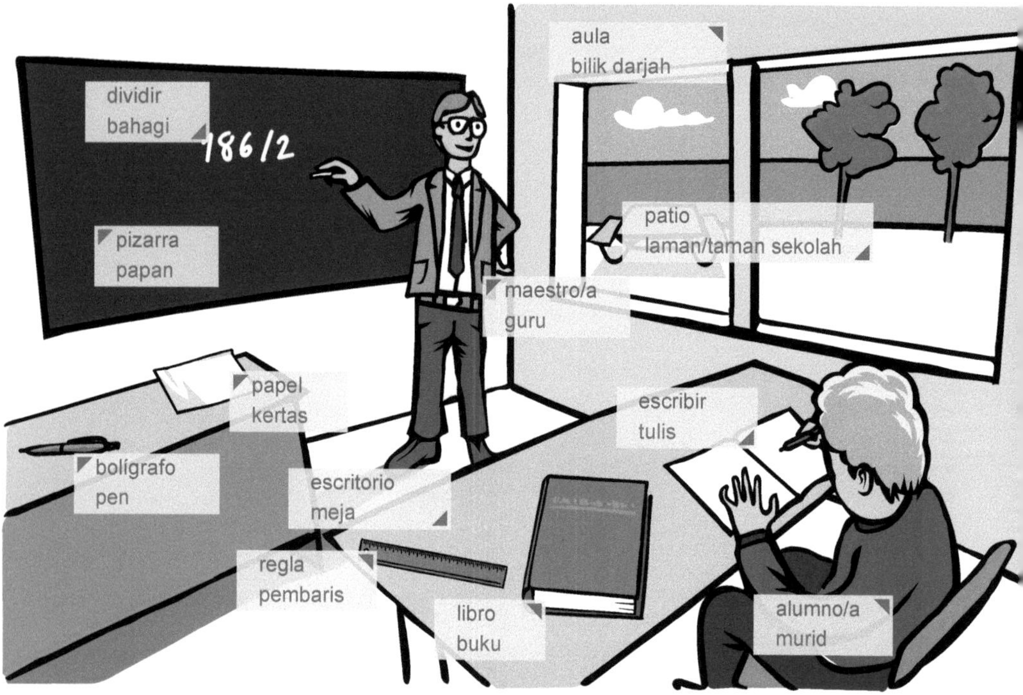

aula
bilik darjah
dividir
bahagi
186/2
pizarra
papan
patio
laman/taman sekolah
maestro/a
guru
papel
kertas
escribir
tulis
bolígrafo
pen
escritorio
meja
regla
pembaris
libro
buku
alumno/a
murid

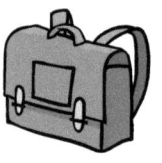

cartera
beg galas

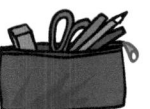

caja de lápices
kotak pensel

lápiz
pensel

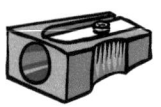

sacapuntas
pengasah pensel

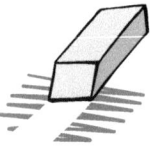

goma de borrar
pemadam

cuaderno de dibujo
kertas lukisan

dibujo

melukis

pincel

berus lukis

caja de pinturas

kotak warna

tijeras

gunting

pegamento

gam

cuaderno de ejercicios

buku latihan

deberes

kerja rumah

número

nombor

sumar

tambah

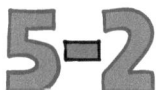

restar

tolak

multiplicar

darab

calcular

kira

letra

huruf

alfabeto

abjad

palabra

kata

texto

teks

leer

baca

tiza

kapur

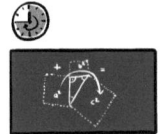

lección

pelajaran

cuaderno de notas

daftar

examen

peperiksaan

certificado

sijil

uniforme escolar

uniform sekolah

educación

pendidikan

enciclopedia

ensiklopedia

universidad

universiti

microscopio

mikroskop

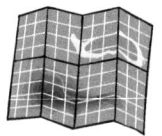

mapa

peta

papelera

bakul sampah

viaje
berjalan

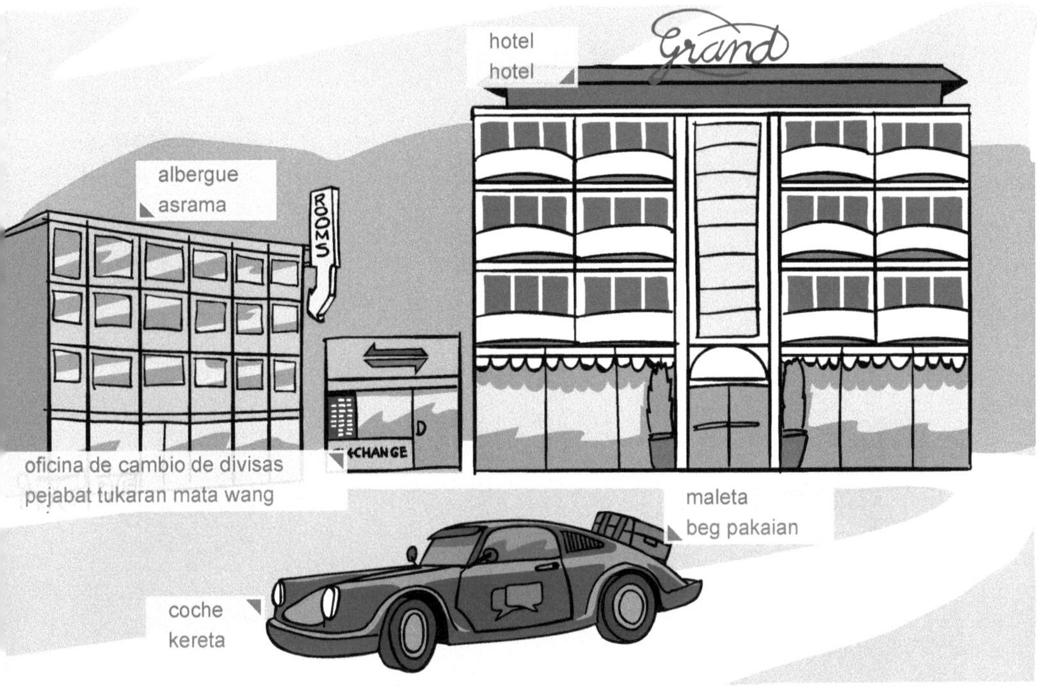
hotel
hotel
Grand
albergue
asrama
ROOMS
oficina de cambio de divisas
pejabat tukaran mata wang
maleta
beg pakaian
coche
kereta

idioma
bahasa

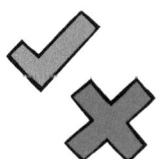

sí / no
ya / tidak

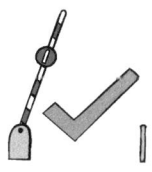

Vale
okey

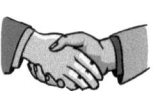

hola
helo

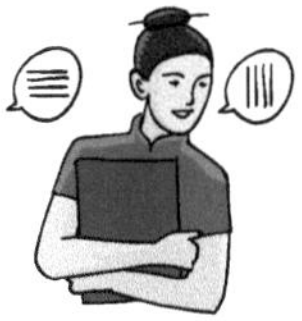

traductor
penterjemah

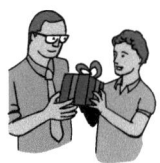

Gracias
Terima kasih

¿cuánto es…?

berapa banyak…?

No entiendo

saya tidak faham

problema

masalah

¡Buenas tardes!

Selamat petang!

¡Buenos días!

Selamat Pagi!

¡Buenas noches!

Selamat Malam!

adiós

selamat tinggal

dirección

arah

equipaje

bagasi

bolsa

beg

mochila

beg galas

invitado

tetamu

habitación

bilik tidur

saco de dormir

beg tidur

tienda de campaña

khemah

información turística

maklumat pelancong

playa

pantai

tarjeta de crédito

kad kredit

desayuno

sarapan

almuerzo

makan tengah hari

cena

makan malam

billete

tiket

ascensor

lif

sello

setem

frontera

sempadan

aduana

kastam

embajada

kedutaan

visa

visa

pasaporte

pasport

transporte
pengangkutan

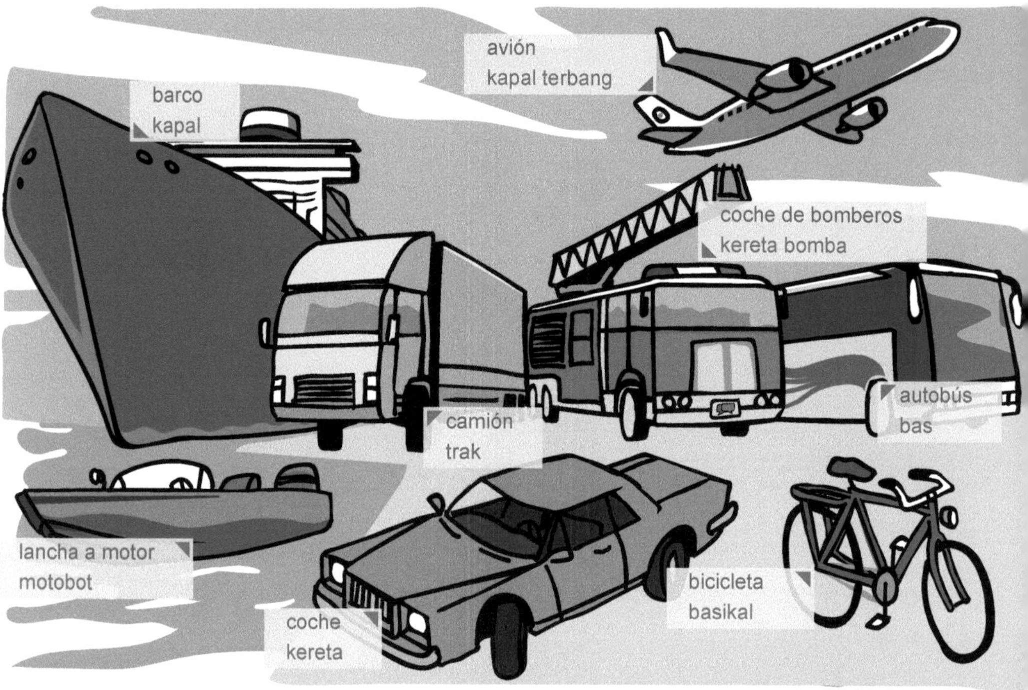
avión
kapal terbang
barco
kapal
coche de bomberos
kereta bomba
autobús
bas
camión
trak
lancha a motor
motobot
bicicleta
basikal
coche
kereta

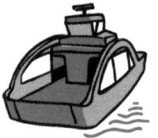

transbordador

feri

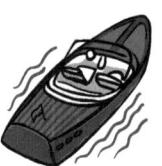

barca

bot

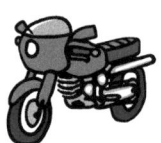

moto

motosikal

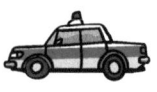

coche de policía

kereta polis

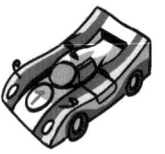

coche de carreras

kereta lumba

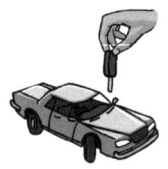

coche de alquiler

kereta sewa

préstamo de vehículos

berkongsi kereta

grúa

trak tunda

camión de la basura

trak menolak

motor

motor

gasolina

bahan api

gasolinera

stesen minyak

señal de tráfico

tanda trafik

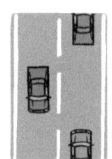

tráfico

trafik

atasco

kesesakan lalu lintas

aparcamiento

tempat parkir

estación de tren

stesen kereta api

vías

trek

tren

kereta api

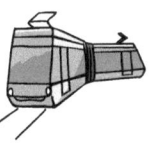

tranvía

trem

vagón

gerabak

helicóptero

helikopter

aeropuerto

lapangan terbang

torre

Menara

pasajero

penumpang

contenedor

bekas

caja de cartón

kadbod

carretilla

kart

cesta

bakul

despegar / aterrizar

berlepas / mendarat

ciudad

bandar

pueblo

kampung

centro de ciudad

pusat bandar

casa

rumah

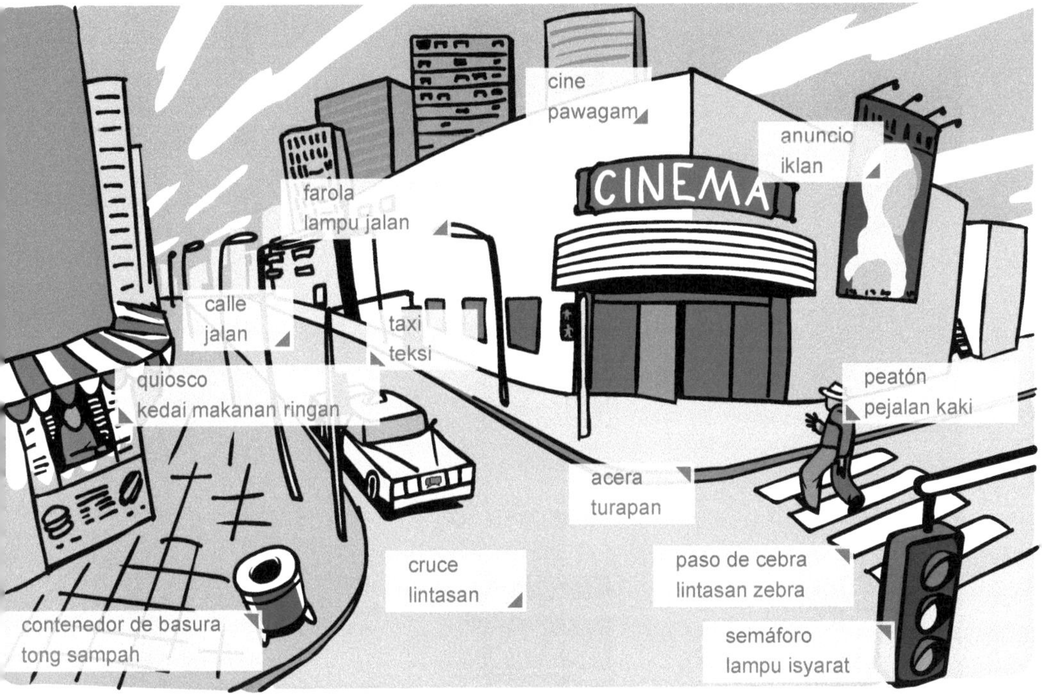

cine
pawagam

anuncio
iklan

CINEMA

farola
lampu jalan

calle
jalan

taxi
teksi

quiosco
kedai makanan ringan

peatón
pejalan kaki

acera
turapan

cruce
lintasan

paso de cebra
lintasan zebra

contenedor de basura
tong sampah

semáforo
lampu isyarat

cabaña
pondok

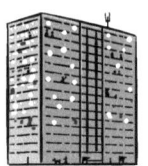

apartamento
flat

estación de tren
stesen kereta api

ayuntamiento
dewan bandar

museo
muzium

escuela
sekolah

universidad
universiti

banco
bank

hospital
hospital

hotel
hotel

farmacia
farmasi

oficina
pejabat

librería
kedai buku

tienda
kedai

floristería
kedai bunga

supermercado
pasar raya

mercado
pasaran

grandes almacenes
gedung

pescadería
penjual ikan

centro comercial
pusat membeli-belah

puerto
pelabuhan

parque

taman

banco

bangku

puente

jambatan

escaleras

tangga

metro

bawah tanah

túnel

terowong

parada de autobús

hentian bas

bar

bar

restaurante

restoran

buzón

peti surat

poste indicador

papan tanda jalan

parquímetro

meter parkir

zoo

zoo

piscina

kolam renang

mezquita

masjid

granja
ladang

contaminación
pencemaran

cementerio
tanah perkuburan

iglesia
gereja

patio de juego
taman permainan

templo
kuil

paisaje
landskap

hoja
daun

señal
tiang tanda

camino
jalan

prado
padang rumput

piedra
batu

excursionista
pejalan kaki

árbol
pokok

río
sungai

hierba
rumput

flor
bunga

valle

lembah

colina

bukit

lago

tasik

bosque

hutan

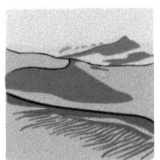

desierto

padang pasir

volcán

gunung berapi

castillo

istana

arcoíris

pelangi

champiñón

cendawan

palmera

pokok kelapa sawit

mosquito

nyamuk

mosca

terbang

hormiga

semut

abeja

lebah

araña

labah-labah

escarabajo

kumbang

rana

katak

ardilla

tupai

erizo

landak

liebre

arnab

lechuza

burung hantu

pájaro

burung

cisne

angsa

jabalí

babi jantan

ciervo

rusa

alce

moose

presa

empangan

turbina eólica

turbin angin

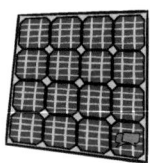

panel solar

panel solar

clima

iklim

restaurante

restoran

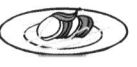

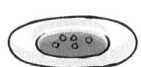

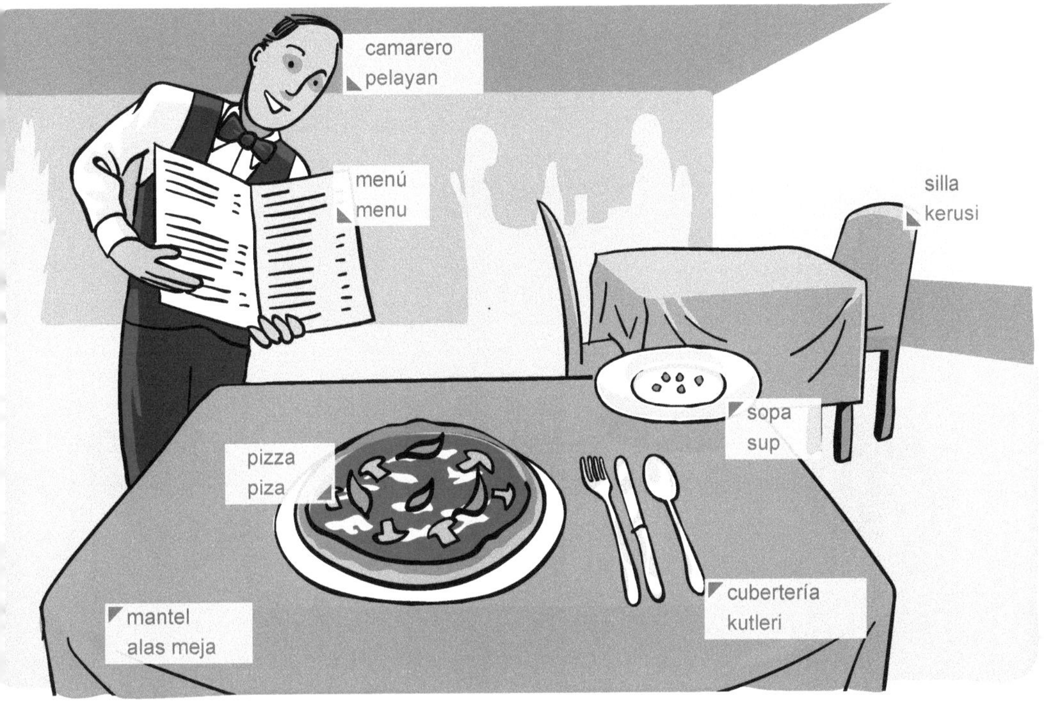
camarero
pelayan
menú
menu
silla
kerusi
sopa
sup
pizza
piza
cubertería
kutleri
mantel
alas meja

primer plato

pemula

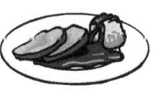

plato principal

hidangan utama

postre

pencuci mulut

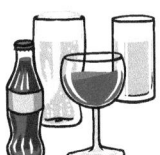

bebidas

minuman

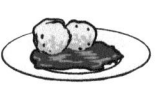

comida

makanan

botella

botol

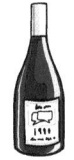

comida rápida

makanan segera

comida callejera

makanan jalanan

tetera

teko

azucarero

mangkuk gula

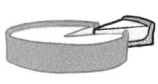

porción

bahagian

cafetera expreso

mesin espreso

trona

kerusi tinggi

cuenta

bil

bandeja

dulang

cuchillo

pisau

tenedor

garfu

cuchara

sudu

cucharilla

sudu teh

servilleta

serviette

vaso

gelas

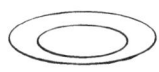

plato
pinggan

plato hondo
mangkuk sup

platillo
piring

salsa
sos

salero
tempat garam

molinillo de pimienta
pengisar lada

vinagre
cuka

aceite
minyak

especias
rempah

ketchup
sos

mostaza
mustard

mayonesa
mayones

supermercado

pasar raya

oferta especial
tawaran istimewa
FOR
cliente
pelanggan
lácteos
tenusu
fruta
buah-buahan
carro de la compra
troli

BUTCHERS

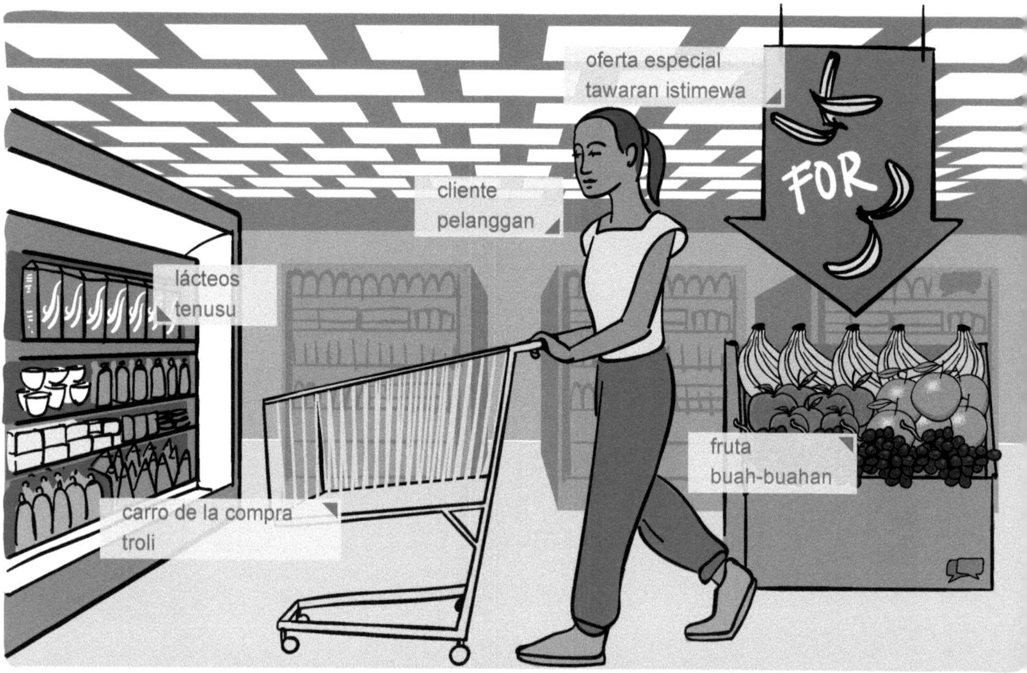

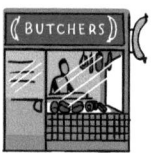

carnicería

tukang daging

BAKERY

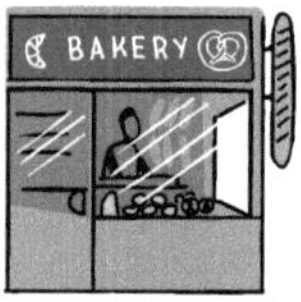

panadería

kedai roti

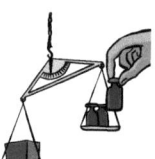

pesar

berat

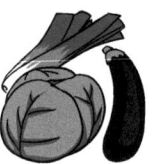

verduras

sayur-sayuran

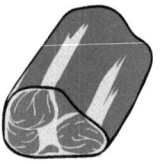

carne

daging

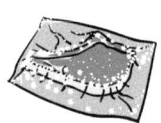

alimentos congelados

makanan sejuk beku

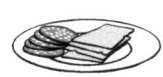

fiambres

daging sejuk

conservas

makanan dalam tin

detergente en polvo

serbuk pencuci

dulces

gula-gula

productos de uso doméstico

produk isi rumah

productos de limpieza

produk pembersihan

vendedora

orang jualan

caja

daftar tunai

cajero

juruwang

lista de la compra

senarai membeli-belah

horario de atención al público

waktu pembukaan

cartera

beg duit

tarjeta de crédito

kad kredit

bolsa

beg

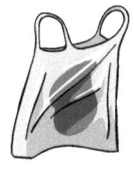

bolsa de plástico

beg plastik

agua

air

zumo

jus

leche

susu

cola

kola

vino

wain

cerveza

bir

alcohol

alkohol

cacao

koko

té

the

café

kopi

expreso

espreso

capuchino

kapucino

plátano

pisang

manzana

epal

naranja

oren

melón

tembikai

limón

lemon

zanahoria

lobak merah

ajo

bawang putih

bambú

buluh

cebolla

bawang

champiñón

cendawan

avellanas

kacang

fideos

mi

espagueti

spageti

arroz

nasi

ensalada

salad

patatas fritas

kerepek

patatas fritas

kentang goreng

pizza

piza

hamburguesa

hamburger

sándwich

sandwic

filete

kutlet

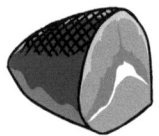

jamón

ham

salami

salami

salchicha

sosej

pollo

ayam

asado

panggang

pescado

ikan

copos de avena

bubur oat

muesli

muesli

copos de maíz

emping jagung

harina

tepung

cruasán

kroisan

panecillo

roti roll

pan

roti

tostada

roti bakar

galletas

biskut

mantequilla

mentega

cuajada

dadih

pastel

kek

huevo

telur

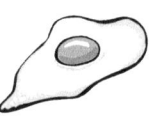

huevo frito

telur goreng

queso

keju

helado

ais krim

azúcar

gula

miel

madu

mermelada

jem

crema de turrón

krim nougat

curry

kari

granja
ladang

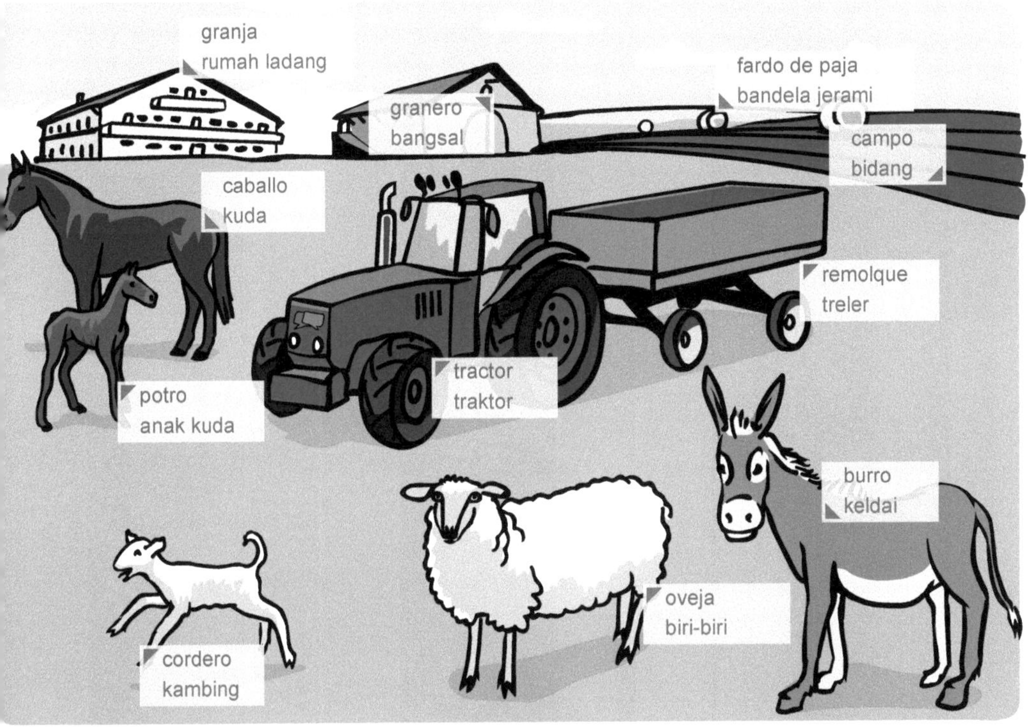
granja
rumah ladang
fardo de paja
bandela jerami
granero
bangsal
campo
bidang
caballo
kuda
remolque
treler
tractor
traktor
potro
anak kuda
burro
keldai
oveja
biri-biri
cordero
kambing

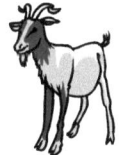

cabra

kambing

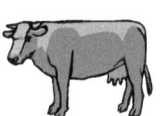

vaca

lembu

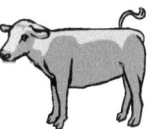

ternero

anak lembu

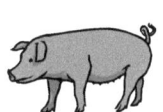

cerdo

babi

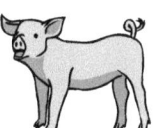

cerdito

anak babi

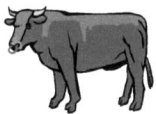

toro

lembu

ganso
angsa

pato
itik

pollo
anak ayam

gallina
ayam betina

gallo
ayam jantan muda

rata
tikus

gato
kucing

ratón
tikus

buey
lembu jantan

perro
anjing

perrera
rumah anjing

manguera
hos taman

regadera
bekas siraman

guadaña
sabit

arado
bajak

hoz

sabit

azada

cangkul

horca

serampang peladang

hacha

kapak

carretilla

kereta sorong

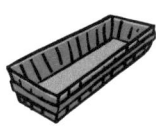

abrevadero

palung

lechera

tin susu

saco

karung

valla

pagar

establo

stabil

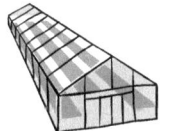

invernadero

rumah hijau

suelo

tanah

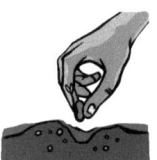

semilla

benih

fertilizador

baja

cosechadora

jentuai

cosechar
tuai

cosecha
menuai

ñame
keladi

trigo
gandum

soja
soya

patata
kentang

maíz
jagung

semilla de colza
biji sawi

árbol frutal
pokok buah-buahan

mandioca
ubi kayu

cereales
bijirin

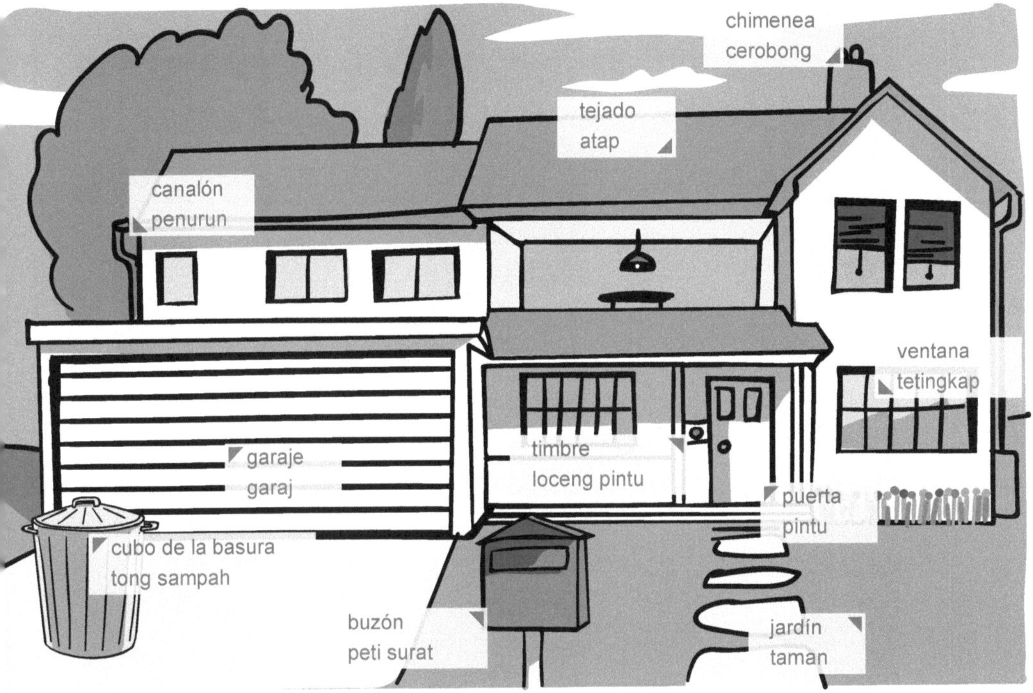

chimenea
cerobong

tejado
atap

canalón
penurun

ventana
tetingkap

garaje
garaj

timbre
loceng pintu

puerta
pintu

cubo de la basura
tong sampah

buzón
peti surat

jardín
taman

sala

ruang tamu

cuarto de baño

bilik air

cocina

dapur

dormitorio

bilik tidur

habitación de los niños

bilik kanak-kanak

comedor

ruang makan

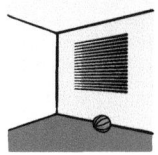

suelo

lantai

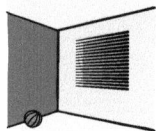

pared

dinding

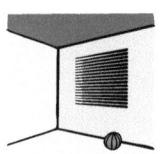

techo

siling

sótano

bilik bawah tanah

sauna

sauna

balcón

balkoni

terraza

teres

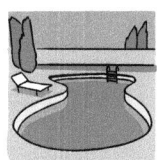

piscina

kolam renang

cortacésped

pemotong rumput

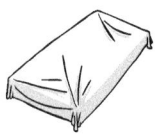

sábana

lembaran

colcha

penutup tilam

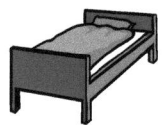

cama

katil

escoba

penyapu

balde

timba

interruptor

suis

sala
ruang tamu

papel pintado
kertas dinding
imagen
gambar
lámpara
lampu
estante
rak
armario
kabinet
televisión
televisyen
chimenea
pendiangan
flor
bunga
cojín
kusyen
sofá
sofa
jarrón
pasu
mando a distancia
alat kawalan jauh

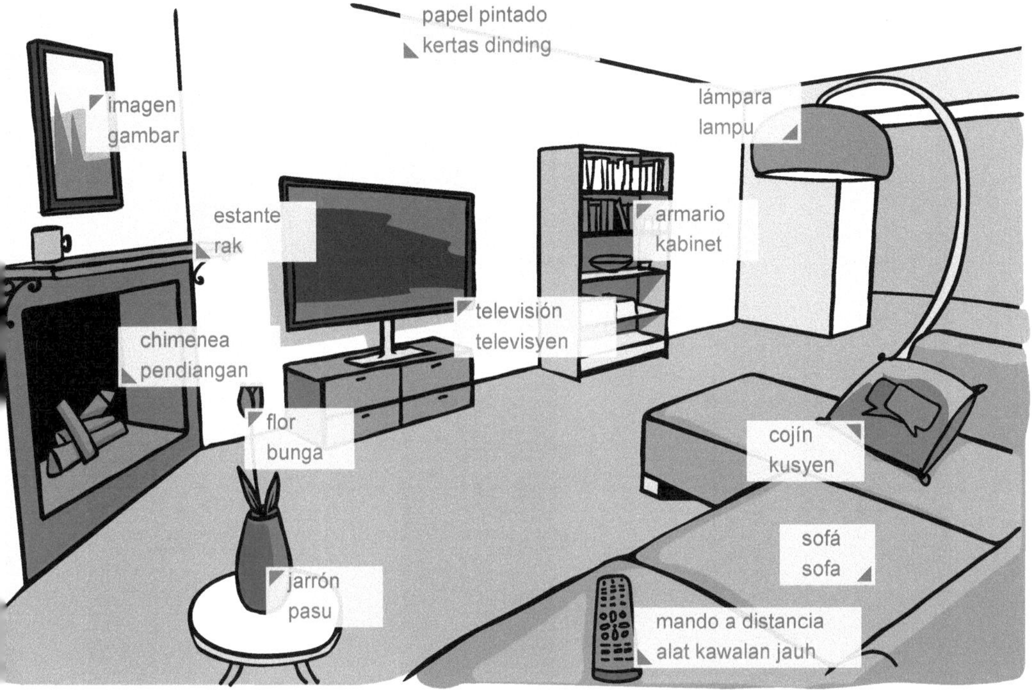

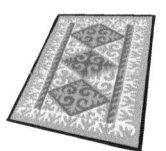

alfombra
permaidani

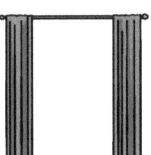

cortina
tirai

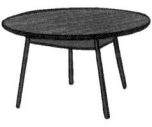

mesa
meja

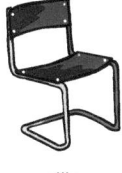

silla
kerusi

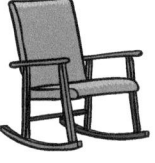

mecedora
kerusi malas

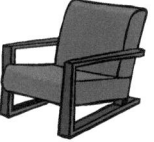

butaca
kerusi

libro
buku

manta
selimut

decoración
hiasan

leña
kayu api

película
filem

equipo de música
hi-fi

llave
kunci

periódico
akhbar

pintura
lukisan

póster
poster

radio
radio

cuaderno
buku catatan

aspiradora
penyedut habuk

cactus
kaktus

vela
lilin

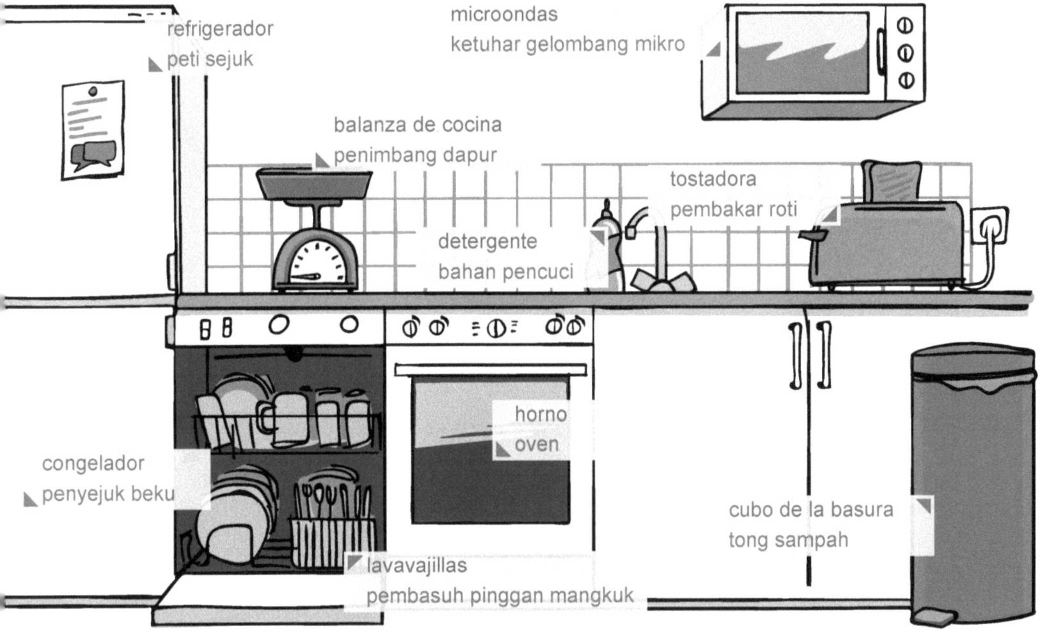

refrigerador
peti sejuk

microondas
ketuhar gelombang mikro

balanza de cocina
penimbang dapur

tostadora
pembakar roti

detergente
bahan pencuci

horno
oven

congelador
penyejuk beku

cubo de la basura
tong sampah

lavavajillas
pembasuh pinggan mangkuk

olla a presión
periuk dapur

olla
periuk

olla de hierro fundido
periuk besi

wok / karahi
kuali

cazuela
pan

hervidor
cerek

vaporera

pengukus

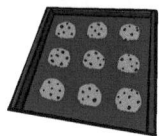

chapa de horno

dulang pembakar

vajilla

pinggan mangkuk

taza

koleh

tazón

mangkuk

palillos

penyepit

cucharón

senduk

espumadera

spatula

batidor

pengadun

colador

penapis

cedazo

ayak

rallador

pemarut

mortero

mortar

barbacoa

barbeku

hoguera

pembakaran terbuka

tabla de picar

papan pencincang

rodillo

pin golekan

sacacorchos

skru gabus

lata

tin

abrelatas

pembuka tin

agarrador

pemegang periuk

lavabo

sinki

cepillo

berus

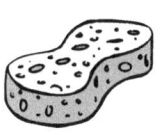

esponja

span

batidora

pengisar

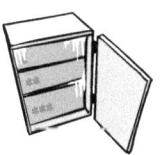

congelador

penyejuk beku

biberón

botol bayi

grifo

paip

cuarto de baño
bilik air

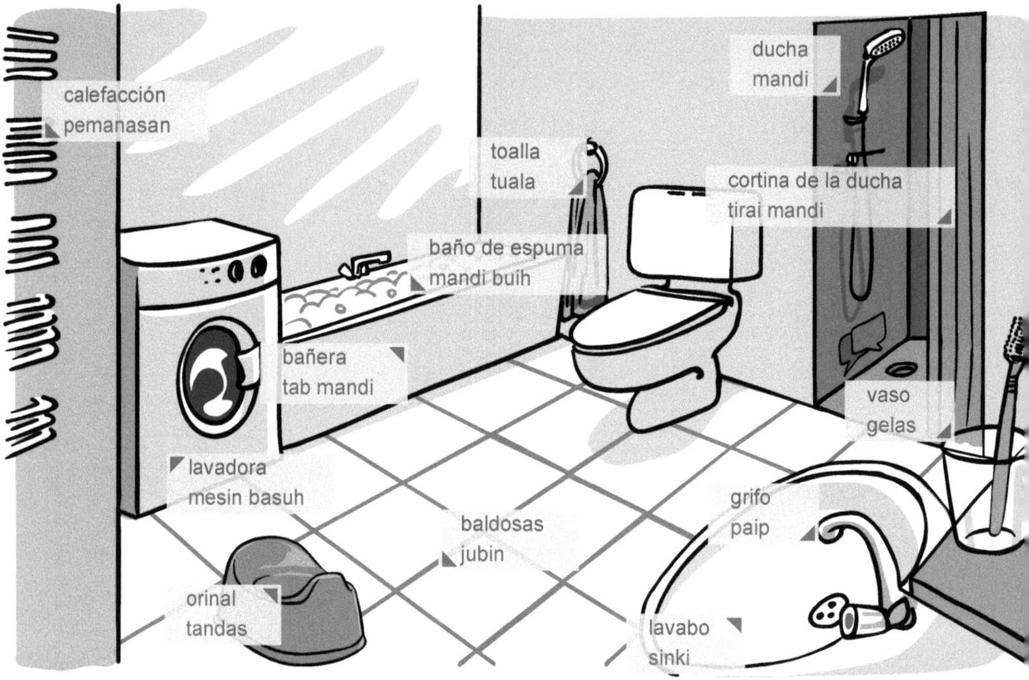
calefacción
pemanasan
toalla
tuala
ducha
mandi
cortina de la ducha
tirai mandi
baño de espuma
mandi buih
bañera
tab mandi
lavadora
mesin basuh
baldosas
jubin
orinal
tandas
vaso
gelas
grifo
paip
lavabo
sinki

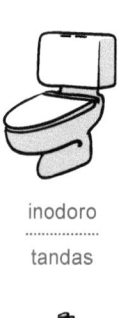

inodoro

tandas

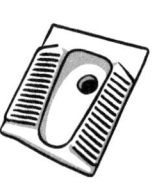

inodoro rústico

tandas mencangkung

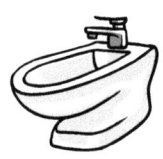

bidé

mangkuk tandas

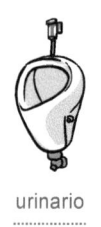

urinario

tandas awam

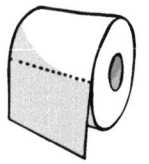

papel higiénico

kertas tandas

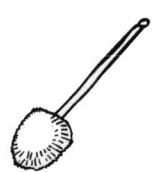

escobilla del váter

berus tandas

cepillo de dientes

berus gigi

pasta de dientes

ubat gigi

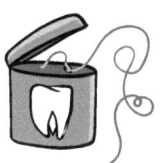

hilo dental

flos gigi

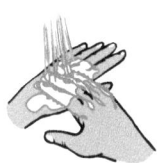

lavar

cuci

ducha de mano

mandian tangan

ducha íntima

pancuran

pila

besen

cepillo de espalda

belakang berus

jabón

sabun

gel de ducha

gel mandian

champú

syampu

toallita

flanel

desagüe

longkang

crema

krim

desodorante

deodoran

espejo
cermin

espejo de tocador
cermin tangan

maquinilla de afeitar
pisau cukur

espuma de afeitar
busa cukur

loción postafeitado
selepas cukur

peine
sikat

cepillo
berus

secador
pengering rambut

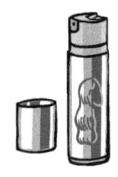

laca
semburan rambut

maquillaje
mekap

pintalabios
gincu

pintauñas
varnis kuku

algodón
bulu kapas

cortauñas
gunting kuku

perfume
pewangi

estuche de viaje

beg basuhan

banqueta

bangku

balanza

skala berat

albornoz

jubah mandi

guantes de goma

sarung tangan getah

tampón

kapas

compresa

tuala wanita

inodoro químico

tandas kimia

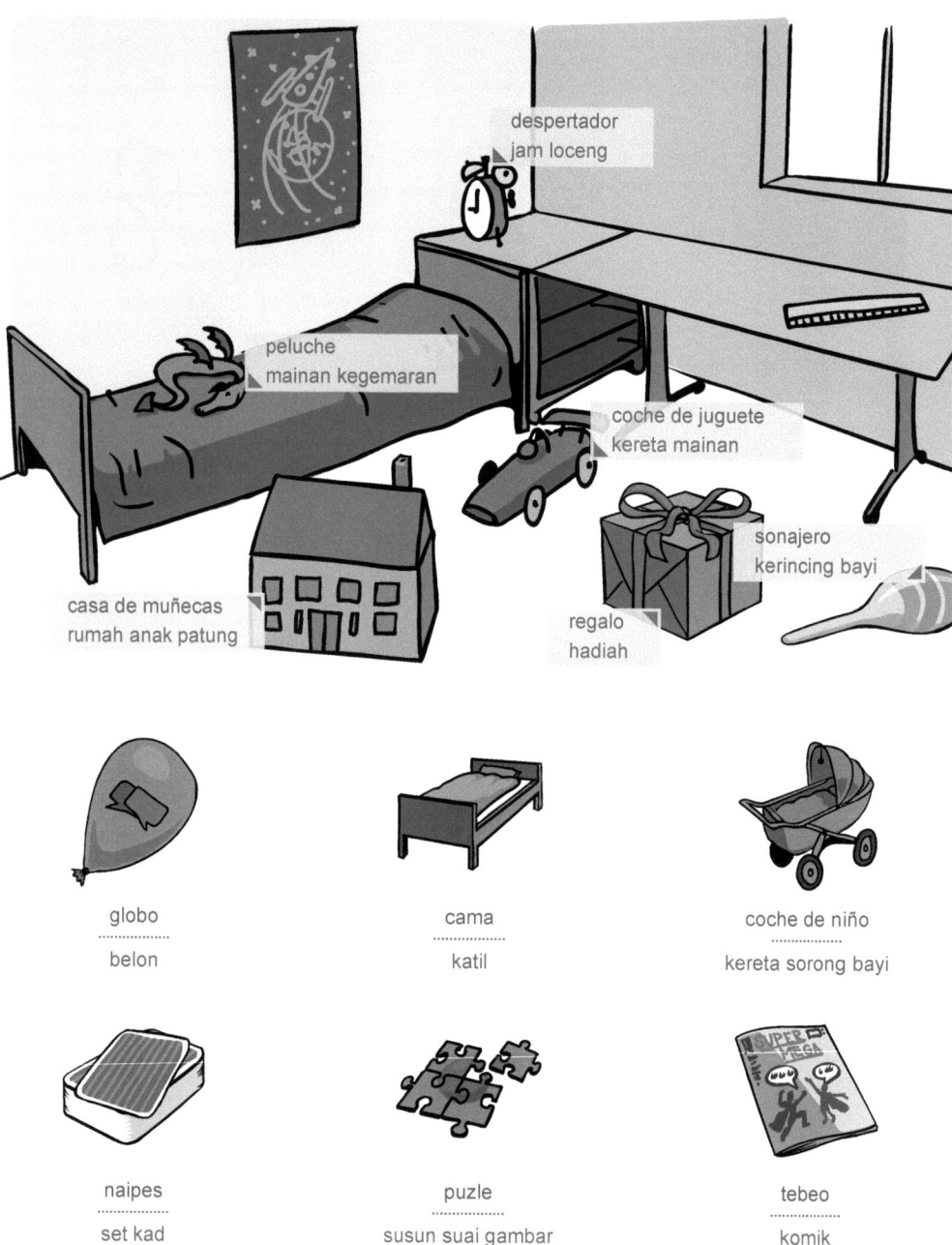

despertador
jam loceng

peluche
mainan kegemaran

coche de juguete
kereta mainan

sonajero
kerincing bayi

casa de muñecas
rumah anak patung

regalo
hadiah

globo
belon

cama
katil

coche de niño
kereta sorong bayi

naipes
set kad

puzle
susun suai gambar

tebeo
komik

piezas de lego
batu bata lego

bloques de juguete
blok mainan

figura de acción
figura aksi

bodi (de bebé)
baju bayi

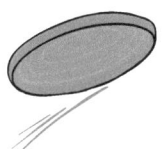

frisbee
frisbee

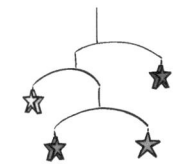

colgador móvil para bebés
mainan bayi mudah alih

juego de mesa
permainan papan

dados
dadu

circuito de tren eléctrico
set model kereta api

maniquí
palsu

fiesta
parti

álbum de fotos
buku bergambar

pelota
bola

muñeca
anak patung

jugar
main

cajón de arena

lubang pasir

columpio

buai

juguetes

mainan

videoconsola

konsol permainan video

triciclo

basikal roda tiga

oso de peluche

anak patung beruang

guardarropa

almari pakaian

ropa

pakaian

calcetines

stoking

medias

stoking

leotardos

ketat

bufanda
skarf

paraguas
payung

camiseta
kemeja-t

keselamatan

botas
but

zapatillas
selipar

deportivas
kasut sukan

sandalias
sandal

zapatos
kasut

botas de goma
but getah

slip
seluar dalam

sostén
coli

chaleco
ves

ropa - pakaian

45

bodi
badan

pantalones
Seluar panjang

vaqueros
jean

falda
skirt

blusa
blaus

camisa
kemeja

jersey
baju panas sarung

suéter
sweater

blazer
blazer

chaqueta
jaket

abrigo
kot

gabardina
baju hujan

traje
kostum

vestido
pakaian

vestido de novia
baju pengantin

traje
sut

camisón
baju tidur

pijama
baju tidur

sari
sari

bandana
skarf kepala

turbante
serban

burka
burqa

caftán
kaftan

abaya
abaya/jubah

traje de baño
baju renang

bañador
seluar renang

pantalones cortos
seluar pendek

chándal
sut balapan

delantal
apron

guantes
sarung tangan

botón

butang

gafas

cermin mata

brazalete

gelang tangan

collar

rantai leher

anillo

cincin

pendiente

subang

gorra

topi

percha

penyangkut kot

sombrero

topi

corbata

tali leher

cremallera

zip

casco

topi keledar

tirantes

pendakap

uniforme escolar

uniform sekolah

uniforme

seragam

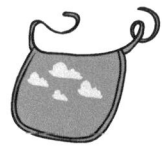

babero

lapik dada

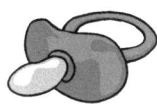

maniquí

palsu

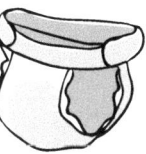

pañal

lampin

oficina

pejabat

servidor
pelayan
archivo
kabinet fail
impresora
mesin pencetak
papel
kertas
monitor
monitor
escritorio
meja
ratón
tetikus
carpeta
folder
teclado
papan kekunci
papelera
bakul sampah
silla
kerusi
ordenador
komputer

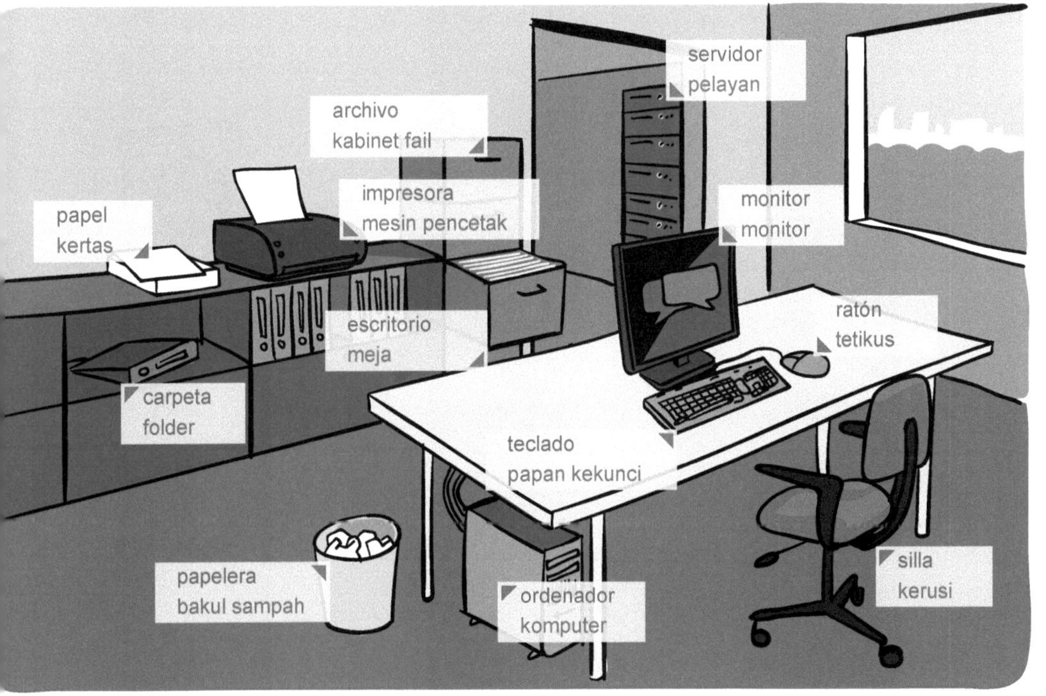

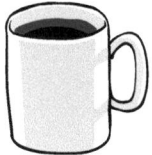

taza de café

cawan kopi

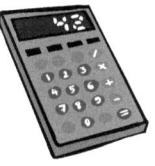

calculadora

kalkulator

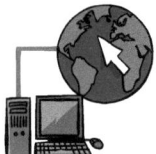

internet

internet

portátil

komputer riba

carta

surat

mensaje

mesej

móvil

mudah alih

red

rangkaian

fotocopiadora

mesin fotokopi

software

perisian

teléfono

telefon

toma de corriente

soket plag

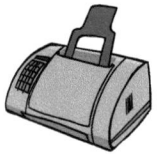

fax

mesin faks

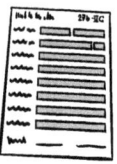

formulario

bentuk

documento

dokumen

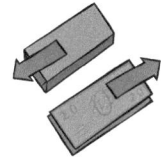

comprar
beli

pagar
bayar

comerciar
berdagang

dinero
wang

dólar
dolar

euro
euro

yen
yen

rublo
rubel

franco suizo
franc swiss

renminbi yuan
renminbi yuan

rupia
rupee

cajero automático
mata tunai

oficina de cambio de divisas

pejabat tukaran mata wang

oro

emas

plata

perak

petróleo

minyak

energía

tenaga

precio

harga

contrato

kontrak

impuesto

cukai

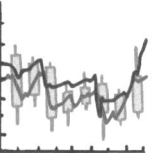

acción

stok

trabajar

kerja

empleado

pekerja

empleador

majikan

fábrica

kilang

tienda

kedai

agente de policía
pegawai polis

bombero
ahli bomba

cocinero
tukang masak

médico
doktor

piloto
juruterbang

jardinero

tukang kebun

carpintero

tukang kayu

costurera

tukang jahit

juez

hakim

farmacéutico

ahli kimia

actor

pelakon

conductor de autobús

pemandu bas

taxista

pemandu teksi

pescador

nelayan

señora de la limpieza

wanita pencuci

techador

kasau

camarero

pelayan

cazador

pemburu

pintor

pelukis

panadero

bakeri

electricista

juruelektrik

obrero

pembangun

ingeniero

jurutera

carnicero

penjual daging

fontanero

tukang paip

cartero

posmen

soldado
askar

arquitecto
arkitek

cajero
juruwang

florista
kedai bunga

peluquero
pendandan rambut

revisor
konduktor

mecánico
mekanik

capitán
kapten

dentista
doktor gigi

científico
ahli sains

rabino
tuhanku

imán
imam

monje
sami

sacerdote
paderi

herramientas
alat

martillo
tukul
alicates
playar
destornillador
pemutar skru
llave
sepana
linterna
obor

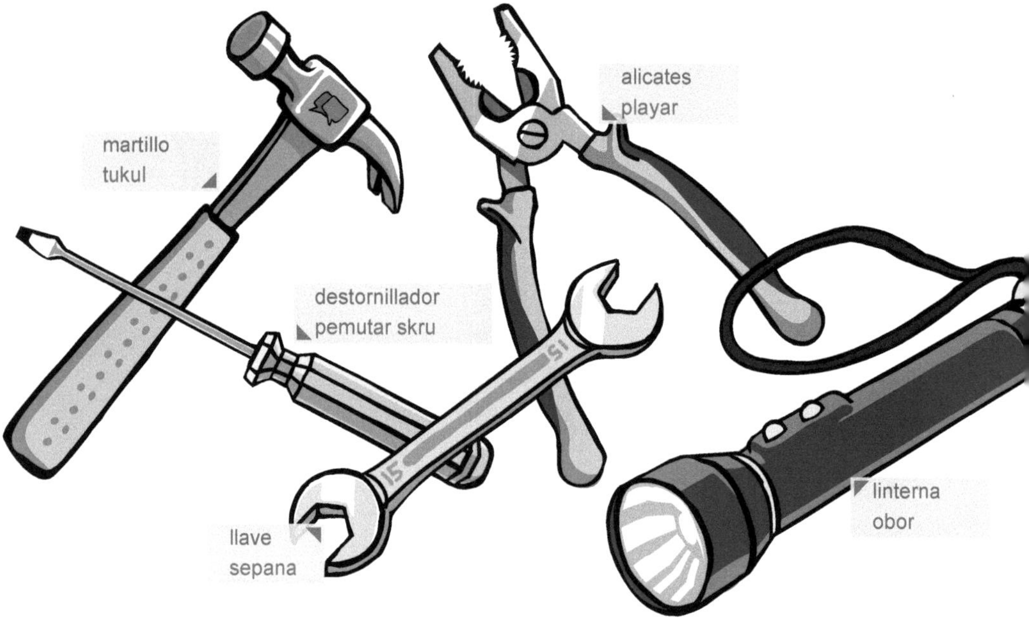

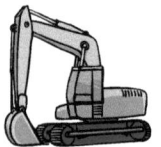

excavadora
pengorek

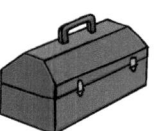

caja de herramientas
kotak peralatan

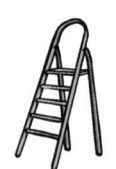

escalera de mano
tangga

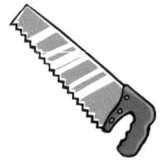

sierra
gergaji

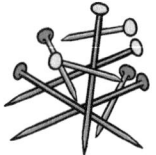

clavos
kuku

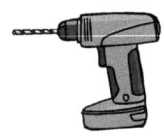

taladro
gerudi

reparar
baiki

pala
penyodok

¡Maldita sea!
Celaka!

recogedor
penadah sampah

bote de pintura
periuk cat

tornillos
skru

instrumentos musicales
alat muzik

altavoz
pembesar suara

batería
perangkat dram

contrabajo
bass berganda

trompeta
trompet

guitarra
gitar

piano
piano

violín
biola

bajo
bass

timbales
timpani

tambor
dram

teclado
papan kekunci

saxofón
saksofon

flauta
seruling

micrófono
mikrofon

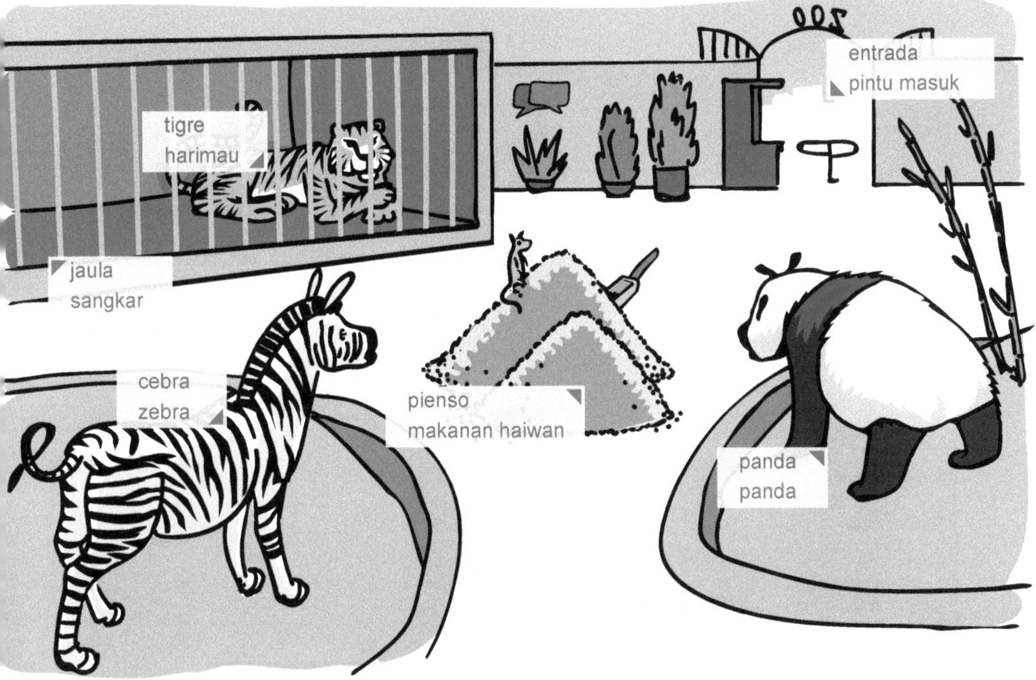

entrada
pintu masuk

tigre
harimau

jaula
sangkar

cebra
zebra

pienso
makanan haiwan

panda
panda

animales
haiwan

elefante
gajah

canguro
kanggaru

rinoceronte
badak sumbu

gorila
gorila

oso
beruang

camello

unta

avestruz

burung unta

león

singa

mono

monyet

flamingo

flamingo

loro

nuri

oso polar

beruang kutub

pingüino

penguin

tiburón

yu

pavo real

merak

serpiente

ular

cocodrilo

buaya

guardián de zoológico

penjaga zoo

foca

anjing laut

jaguar

jaguar

poni
kuda

leopardo
harimau

hipopótamo
badak air

jirafa
zirafah

águila
helang

jabalí
babi jantan

pescado
ikan

tortuga
penyu

morsa
anjing laut

zorro
musang

gacela
rusa

fútbol americano
bola sepak Amerika

ciclismo
berbasikal

tenis
tenis

baloncesto
bola keranjang

natación
renang

boxeo
tinju

hockey sobre hielo
hoki ais

| fútbol | bádminton | atletismo |
| bola sepak | badminton | olahraga |

| balonmano | esquí | polo |
| bola baling | ski | polo |

saltar
lompat

abrazar
peluk

reír
ketawa

caminar
berjalan

cantar
menyanyi

soñar
mimpi

rezar
berdoa

besar
cium

escribir	dibujar	mostrar
tulis	lukis	tunjuk

empujar	dar	tomar
tolak	beri	ambil

tener
ada

hacer
buat

ser
ialah

estar de pie
berdiri

correr
lari

tirar
tarik

tirar
buang

caer
jatuh

yacer
tipu

esperar
tunggu

llevar
bawa

estar sentado
duduk

vestirse
pakai

dormir
tidur

despertar
bangkit

mirar

lihat pada

llorar

menangis

acariciar

strok

peinar

sikat

hablar

cakap

entender

faham

preguntar

tanya

escuchar

dengar

beber

minum

comer

makan

ordenar

mengemas

amar

sayang

cocinar

masak

conducir

pandu

volar

terbang

navegar

belayar

calcular

kira

leer

baca

aprender

belajar

trabajar

kerja

casarse

nikah

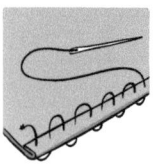

coser

jahit

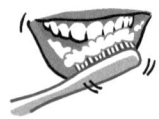

cepillarse los dientes

memberus gigi

matar

bunuh

fumar

asap

enviar

hantar

abuela
nenek

abuelo
datuk

padre
bapa

madre
ibu

bebé
bayi

hija
anak perempuan

hijo
anak lelaki

invitado
tetamu

tía
mak cik

tío
pak cik

hermano
abang

hermana
kakak

cuerpo
badan

frente
dahi
ojo
mata
hombro
bahu
dedo
jari
cara
muka
barbilla
dagu
mano
tangan
pecho
dada
pierna
kaki
brazo
lengan

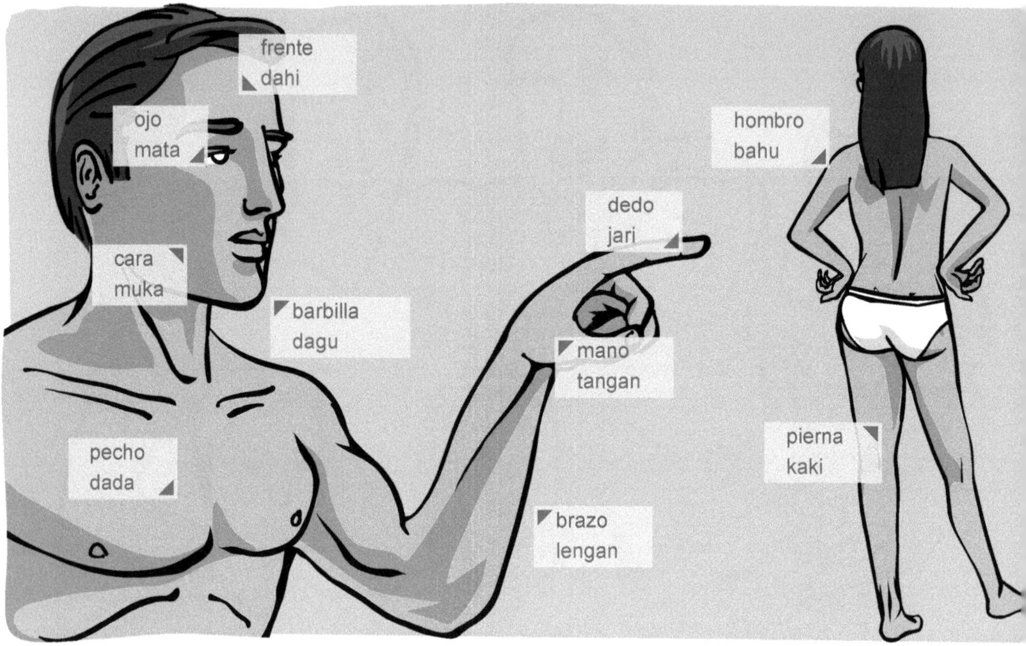

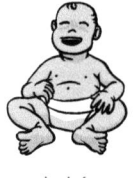

bebé

bayi

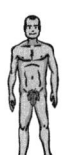

hombre

lelaki

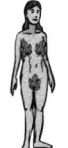

mujer

wanita

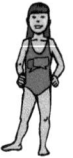

chica

perempuan

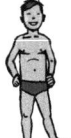

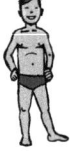

chico

lelaki

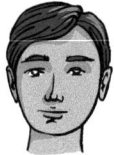

cabeza

kepala

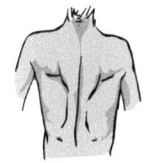

espalda

belakang

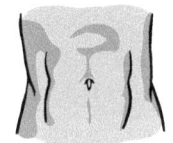

vientre

bawah perut

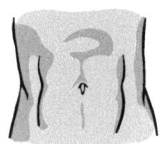

ombligo

pusat

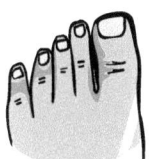

dedo del pie

jari kaki

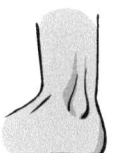

talón

tumit

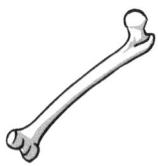

hueso

tulang

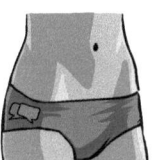

cadera

pinggul

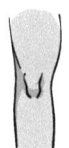

rodilla

lutut

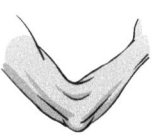

codo

siku

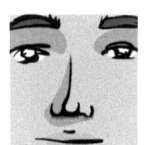

nariz

hidung

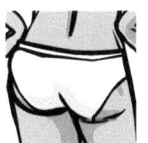

trasero

bawah

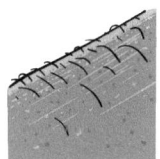

piel

kulit

mejilla

pipi

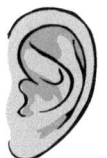

oído

telinga

labio

bibir

cuerpo - badan

boca

mulut

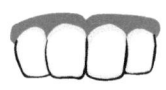

diente

gigi

lengua

lidah

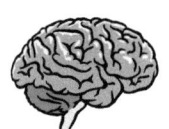

cerebro

otak

corazón

hati

músculo

otot

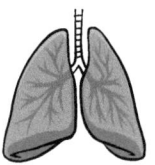

pulmón

paru-paru

hígado

hati

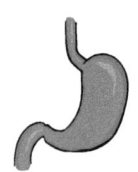

estómago

perut

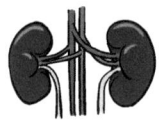

riñones

buah pinggang

sexo

seks

condón

kondom

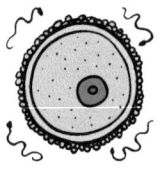

ovario

faraj

semen

mani

embarazo

mengandung

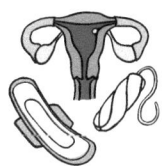

menstruación
....
haid

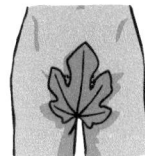

vagina
....
faraj

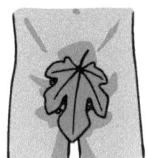

pene
....
penis

ceja
....
kening

pelo
....
rambut

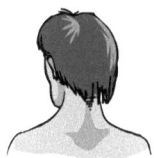

cuello
....
leher

hospital
hospital

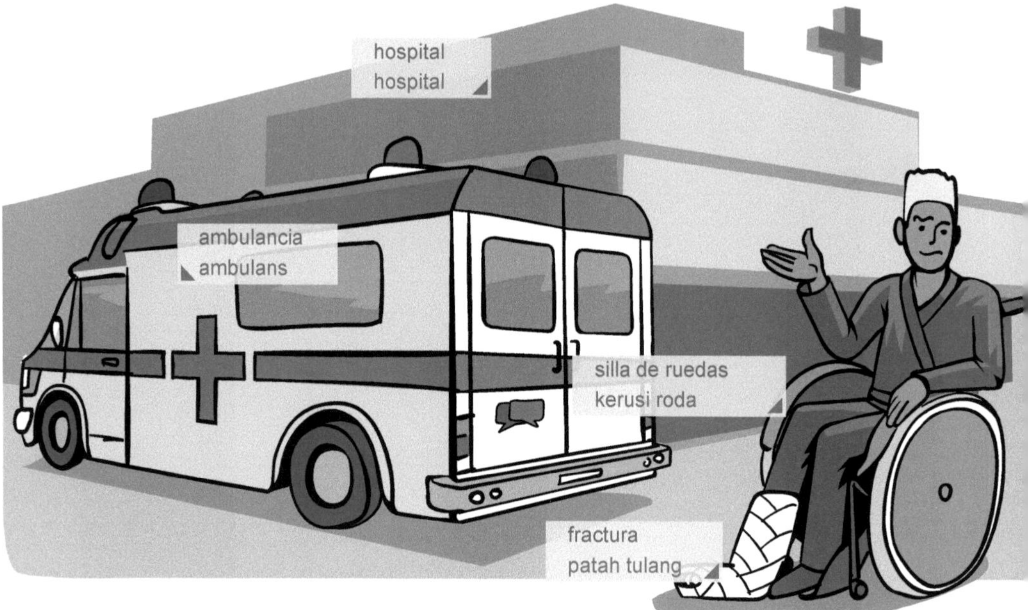

hospital
hospital
ambulancia
ambulans
silla de ruedas
kerusi roda
fractura
patah tulang

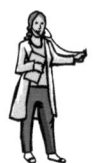

médico

doktor

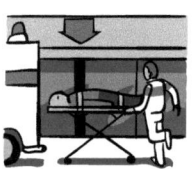

sala de urgencias

bilik kecemasan

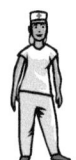

enfermera

jururawat

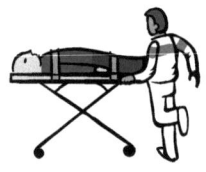

urgencia

kecemasan

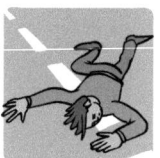

inconsciente

tak sedar

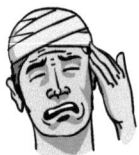

dolor

sakit

lesión

kecederaan

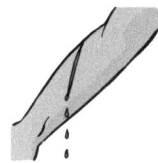

hemorragia

pendarahan

infarto

serangan jantung

ictus

strok

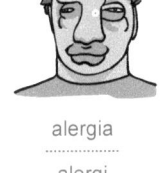

alergia

alergi

tos

batuk

fiebre

demam

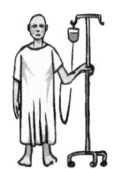

gripe

selesema

diarrea

cirit-birit

dolor de cabeza

sakit kepala

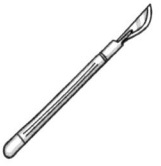

cáncer

kanser

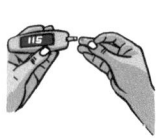

diabetes

diabetes

cirujano

pakar bedah

bisturí

pisau bedah

operación

pembedahan

TAC
....
CT

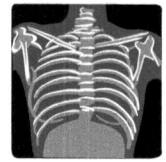

rayos x
....
x-ray

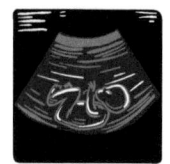

ultrasonido
....
ultrabunyi

mascarilla
....
topeng muka

enfermedad
....
penyakit

sala de espera
....
bilik menunggu

muleta
....
penongkat

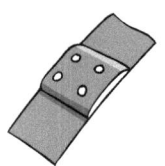

tirita
....
plaster

venda
....
pembalut

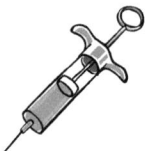

inyección
....
suntikan

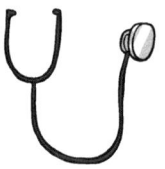

estetoscopio
....
stetoskop

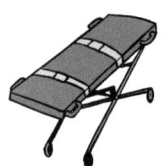

camilla
....
pengusung

termómetro
....
termometer klinik

nacimiento
....
kelahiran

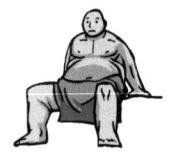

sobrepeso
....
berat badan berlebihan

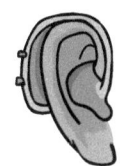

audífono
alat pendengaran

desinfectante
disinfektan

infección
jangkitan

virus
virus

VIH / SIDA
HIV / AIDS

medicina
perubatan

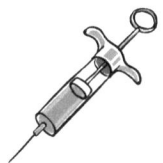

vacunación
vaksinasi

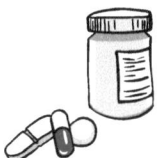

tabletas
tablet

pastilla
pil

llamada de urgencia
panggilan kecemasan

tensiómetro
pantau tekanan darah

enfermo / sano
sakit / sihat

¡Socorro!

Tolong!

alarma

penggera

asalto

serang

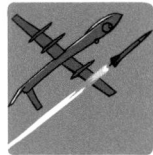

ataque

serangan

peligro

bahaya

salida de emergencia

pintu kecemasan

¡Fuego!

Api!

extintor de incendios

alat pemadam api

accidente

kemalangan

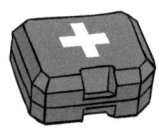

botiquín de primeros auxilios

alat pertolongan cemas

SOS

SOS

policía

polis

Europa

Eropah

Norteamérica

Amerika Utara

Sudamérica

Amerika Selatan

África

Afrika

Asia

Asia

Australia

Australia

Atlántico

Atlantic

Pacífico

Pasifik

Océano Índico

Lautan Hindi

Océano Antártico

Lautan Antartik

Océano Ártico

Lautan Artik

polo norte

Kutub utara

polo sur

Kutub Selatan

Antártida

Antartika

tierra

bumi

tierra

tanah

mar

laut

isla

pulau

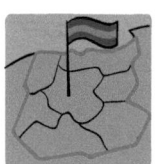

nación

negara

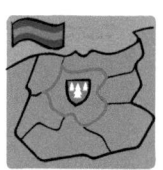

estado

negeri

esfera

muka jam

manecilla de las horas

tangan jam

minutero

tangan minit

segundero

terpakai

¿Qué hora es?

Jam berapa sekarang

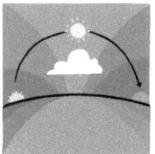

día

hari

tiempo

masa

ahora

sekarang

reloj digital

jam digital

minuto

minit

hora

jam

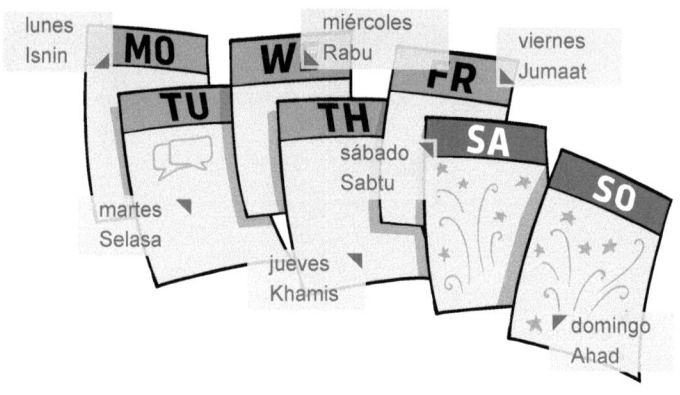

lunes
Isnin

miércoles
Rabu

viernes
Jumaat

martes
Selasa

sábado
Sabtu

jueves
Khamis

domingo
Ahad

ayer

semalam

hoy

hari ini

mañana

esok

mañana

pagi

mediodía

tengah hari

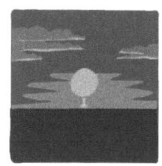

tarde

petang

MO	TU	WE	TH	FR	SA	SU
1	2	3	4	5	6	7
8	9	10	11	12	13	14
15	16	17	18	19	20	21
22	23	24	25	26	27	28
29	30	31	1	2	3	4

días laborables

hari kerja

MO	TU	WE	TH	FR	SA	SU
1	2	3	4	5	6	7
8	9	10	11	12	13	14
15	16	17	18	19	20	21
22	23	24	25	26	27	28
29	30	31	1	2	3	4

fin de semana

hari minggu

lluvia
hujan

arcoíris
pelangi

nieve
salji

viento
angin

primavera
musim bunga

otoño
musim luruh

verano
musim panas

invierno
musim salji

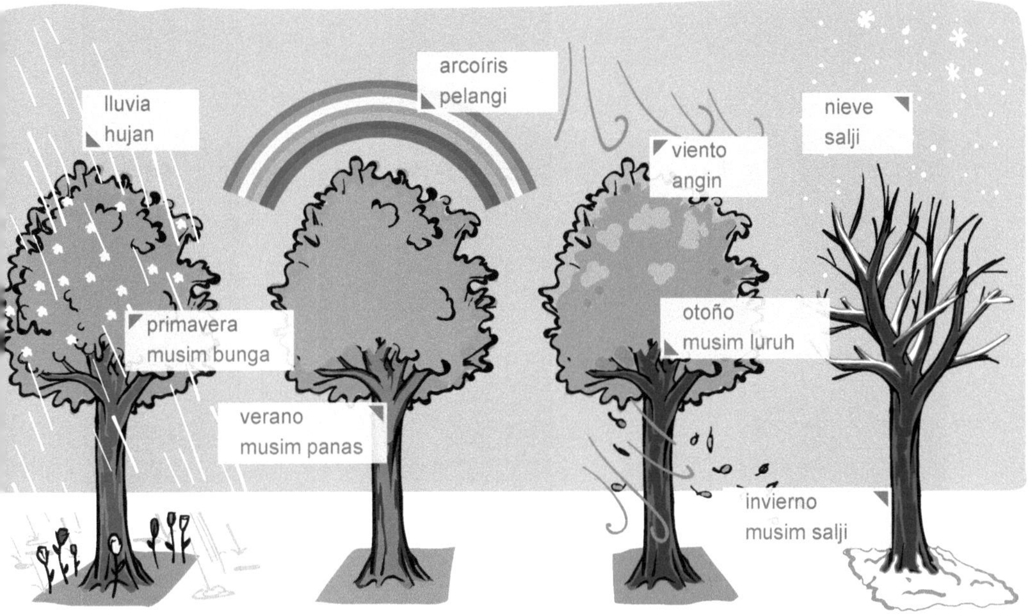

pronóstico del tiempo

ramalan cuaca

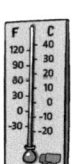

termómetro

termometer

sol

sinar matahari

nube

awan

niebla

kabus

humedad

lembapan

rayo

kilat

trueno

petir

tormenta

ribut

granizo

hujan batu

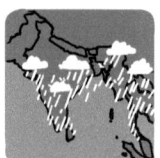

monzón

monsun

inundación

banjir

hielo

ais

enero

Januari

febrero

Februari

marzo

Mac

abril

April

mayo

Mei

junio

Jun

julio

Julai

agosto

Ogos

año - tahun

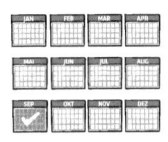

septiembre

September

octubre

Oktober

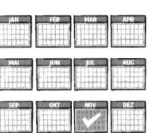

noviembre

November

diciembre

Disember

formas
bentuk

círculo

bulatan

cuadrado

petak

rectángulo

segi empat tepat

triángulo

segitiga

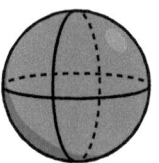

esfera

sfera

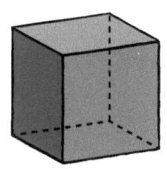

cubo

kiub

blanco

putih

amarillo

kuning

anaranjado

oren

rosa

merah jambu

rojo

merah

morado

ungu

azul

biru

verde

hijau

marrón

coklat

gris

kelabu

negro

hitam

mucho / poco

banyak / sedikit

enojado / tranquilo

marah / tenang

bonito / feo

cantik / hodoh

principio / fin

bermula / tamat

grande / pequeño

besar kecil

claro / oscuro

terang / gelap

hermano / hermana

abang / kakak

limpio / sucio

bersih / kotor

completo / incompleto

lengkap / tidak lengkap

día / noche

hari / malam

muerto / vivo

mati / hidup

ancho / estrecho

luas / sempit

comestible / no comestible

boleh dimakan / tidak boleh dimakan

malo / amable

jahat / baik

entusiasmado / aburrido

teruja / bosan

gordo / delgado

gemuk / kurus

primero / último

pertama / terakhir

amigo / enemigo

kawan / musuh

lleno / vacío

penuh / kosong

duro / blando

keras / lembut

pesado / ligero

berat / ringan

hambre / sed

lapar / dahaga

enfermo / sano

sakit / sihat

ilegal / legal

menyalahi undang-undang / undang-undang

inteligente / tonto

pintar / bodoh

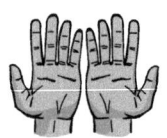

izquierda / derecha

kiri / kanan

cerca / lejos

dekat / jauh

nuevo / usado
baru / lama

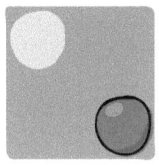

nada / algo
tiada / sesuatu

viejo / joven
tua / muda

encendido / apagado
hidup / mati

abierto / cerrado
terbuka / tertutup

silencioso / ruidoso
diam / bising

rico / pobre
kaya / miskin

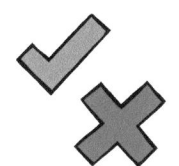

correcto / incorrecto
betul / salah

áspero / suave
kasar / halus

triste / contento
sedih / gembira

corto / largo
pendek / panjang

lento / rápido
lambat / laju

húmedo / seco
basah / kering

cálido / frío
panas / sejuk

guerra / paz
berperang / berdamai

0

cero

sifar

1

uno

satu

2

dos

dua

3

tres

tiga

4

cuatro

empat

5

cinco

lima

6

seis

enam

7

siete

tujuh

8

ocho

lapan

9

nueve

sembilan

10

diez

sepuluh

11

once

sebelas

12

doce

dua belas

13

trece

tiga belas

14

catorce

empat belas

15

quince

lima belas

16

dieciséis

enam belas

17

diecisiete

tujuh belas

18

dieciocho

lapan belas

19

diecinueve

Sembilan belas

20

veinte

dua puluh

100

cien

ratus

1.000

mil

ribu

1.000.000

millón

juta

bahasa-bahasa

inglés

Bahasa Inggeris

inglés americano

Bahasa Inggeris Amerika

chino mandarín

Bahasa Cina Mandarin

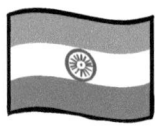

hindi

Bahasa Hindi

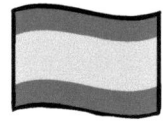

español

Bahasa Sepanyol

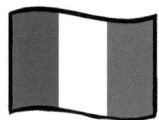

francés

Bahasa Perancis

árabe

Bahasa Arab

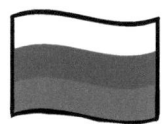

ruso

Bahasa Rusia

portugués

Bahasa Portugis

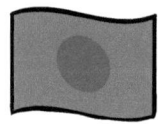

bengalí

Bahasa Benggali

alemán

Bahasa Jerman

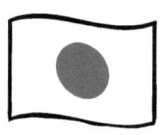

japonés

Bahasa Jepun

yo

saya

tú

anda

él / ella / ello

dia / dia / ia

nosotros/as

kita

vosotros/as

anda

ellos/as

mereka

¿quién?

siapa?

¿qué?

apa?

¿cómo?

bagaimana?

¿dónde?

di mana?

¿cuándo?

bila?

nombre

nama

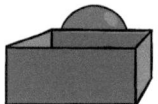

detrás

belakang

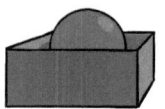

en

dalam

delante de

di hadapan

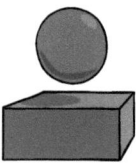

por encima de

lebih

sobre

pada

debajo de

di bawah

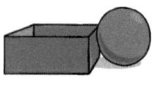

junto a

bersebelahan

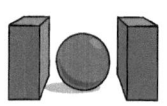

entre

antara

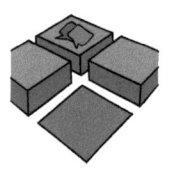

lugar

tempat